JN022271

あゝ天《あま》翔《か》けしわが人生

永井麗子ものがたり

富加見絹子 著

Parade Books

2023年、春。

目次

第一部

誕生から終戦まで

生い立ち

もしも自分に兄弟がいたら、私の人生はかなり違うものになっていたのではないか、と麗子は時々思う。一人っ子であったという事実は、その後の自分の人生に決定的な影響を与えたのではないかと。

昭和四年九月、麗子は大阪梅田で水野佐一郎と冨士野の間に生まれた。父佐一郎は滋賀の彦根の出身、母は鹿児島の内之浦の出身だった。滋賀の人と鹿児島の人がどうやって知り合ったのかはわからないが、おそらく大阪に働きにでていた冨士野が、同じく大阪で商いをしていた佐一郎と出会ったのではないかと想像する。

父佐一郎、母冨士野、娘麗子。

佐一郎の記憶はあまり残っていない。幼い自分を宝塚歌劇団に連れていってくれたり、二階の露台で月を見ながら尺八を弾いていたことを、麗子はおぼろげに覚えている。風流で、やや几帳面すぎるきらいがあったそうだ。

昭和九年九月二十一日、超大型台風（室戸台風）が大阪を直撃した。梅田にあった水野家は暴風と高波により流され、家族は屋根をつたい命からがら逃げた。麗子四つの時だった。

それから、こんなことがあった。いとこの春ちゃん[1]の話によるのだが、佐一郎と冨士野がある時夫婦げんかをしたらしい。結果、冨士野は娘麗子を連れ、故郷鹿児島に出戻った。そうしたところ、「これはあかん」と佐一郎は妻子の後を追い、はるばる内之浦までやってきたそうだ。

それまで佐一郎は鹿児島をみたことがなかったし、ましてや奥地にある内之浦になぞ行ったことはなかった。そして……はじめて目にする内之浦の自然風景に彼は魅了されてしまったのだ。妻富士野を育んだ土地。腎臓を病んでいたこともあり、佐一郎は、この美しい内之浦の田舎に落ち着き、療養しようと思うに至った。

室戸台風の被害に遭わず、親が夫婦げんかをしていなければ、自分たちは引き続き大阪の梅田で生活をつづけ、自分はおそらく鹿児島とはほぼ縁のない別の人生を歩んでいたことだろう。そう考えると、人生におこる諸出来事のふしぎを思わずにはいられない。

1　本村春子。麗子のいとこ。父中尾千歳と母タエとの間の長女として内之浦に生まれる。父は笠沙町小浦の出身。母は喜入町の出身。

内之浦での新生活

はじめて内之浦の家屋に足を踏み入れた時のことを今も鮮明に覚えている。五つの時だった。中を覗くと、部屋は薄暗く、壁一面が黒くすすけ、畳は黄ばんでいた。「こわいよぅ。」麗子は恐ろしさにしりごみし、家の中に入ろうとしなかった。

それからしばらくして麗子たちの人生を根本から変えるような出来事が起こった。そう、父の死である。内之浦に越してきた時から佐一郎は体の不調を訴えていた。現代でいう腎臓がんだった。「あぁ痛い、痛い。」思い出すのは鈍痛にうめく父親の顔だけだ。

当時、母富士野がどんな心境だったのかは知らない。大阪の家を失い、今度は夫を失った。母一人子一人でこれからどうやって生きてゆけばいいのだろう。幼い娘をどうすればいいのだろう。先行きの見えない不安で一杯だったに違いない。

気がつくと麗子は、祖母のツルばあさんの家に預けられていた。母親は彼女を置いてどこかに行ってしまっていた。（後に大阪に出稼ぎに行ったということを知った。）

ツルは村一帯でも有名な名物ばあさんだった。川添いで雑貨屋を営み、休む間もなくせっせと働いていた。おこしを履き、夜明け前にはもう魚を仕入れに行っていた。そしてばあさんのおっかないことといったら！

麗子にいじわるするような子は頑として家に通そうとしなかったし、一度は学校に怒鳴り込みにきた。「おいげぇーの　でいこさん　あまったわろは、どんわろかぁ！（わたしのうちの　麗子さんを　いじめる奴は　だれかぁ！）」授業中に戸がガァーっと開いて、ばあさんがものすごい形相で仁王立ちしていたのを今でも覚えている。

父佐一郎は死に際に娘の手をとり、「女学校に行きなさいよ」と遺言を遺した。そういうこともあって、内之浦の親戚は、麗子が勉強して女学校に受かるよう皆やっきになっていた。「ツルばあさんは麗子を甘やかして勉強にならん」ということで、しばらくすると今度は母の妹（冨美）の家に預けられることになった。

冨美おばさんの家は床屋をしていた。この家の叔父さんはいい人だったが、叔母さんは冷たい人だった。だから彼女に気を遣い、朝も彼女より早く起きて火をおこしたり、家事をしたりして、できるだけ邪魔にならないように努めていた。

お母さん、私を置いてどこに行ってしまったの？
お母さん、私の元にはやく帰ってきて！

大阪梅田の繁華街で育った麗子の「都会っ子ぶり」は、田舎の子供たちの癇に障った。麗子はいじめられた。地元の子たち四、五人に取り囲まれ、「なんでこげん派手な服を着っとか？」と迫られたり、「はだしになれ」と命令されたりした。松林に連れていかれたこともあった。

そんな麗子にとってバレーボールは唯一の心のなぐさみであり、楽しみだった。家でも学校でも居場所のなかった彼女はこうして朝から晩までひたすらバレーに打ち込んだ。

家の近くに浜があって、麗子は時々そこに行った。美しい浜だった。海をみているとなぜだか心が落ち着いた。彼女は浜に横一メートルほどの浅穴を掘り、そこに横たわると、持参した本をひろげた。

上には碧空《へきくう》、横には真っ青な海がひろがり、下は砂の絨毯《じゅうたん》で埋め尽くされていた。大いなる自然はやさしく彼女を包み込み、孤独なこどもの心に天のやすらぎを与えてくれた。

この子はだあれ？

そんなある日、麗子は驚くべきニュースを耳にする。小学校四年生だった。母冨士野がなんと鹿児島市内にいるというのだ。

ああ、お母さん、会いたかった！
昔のようにお母さんといっしょに仲良く暮らしてゆきたい。

こうして麗子は実に何年ぶりに実母と再会することになった。ああ、ついに母に会えるんだ！　彼女の胸は高鳴った。市内中心街にある家に着いた。「ごめんくださーい。」玄関の戸が開いた。すると見知らぬ小さな女の子が、富士野に向かい「お母さ〜ん」と呼び掛けている実に奇妙な光景が麗子の目に飛び込んできた。

この子はだあれ？
なんでこの子がうちの母さんのことを「お母さん」と呼んでいるの？
この人は私のお母さんなのよ。

その時になってはじめて麗子は、母冨士野が市内で再婚していたことを知ったのだった。化粧品・小間物問屋のあるじであったその男性は、一男六女の父であったが、末の子の出産中に妻が死亡。冨士野は後妻としてその家にとつぐことになったのだ。

麗子はずっとずっと会いたかった母とついに再会した。しかしそこで目にした女性はもはや、かつての麗子の母ではなかった。そこに在ったのは後妻であり継母として第二の人生を歩み始めた別の冨士野の姿だった。

こうして冨士野と再び一つ屋根の下に暮らし始めた麗子だったが現実は厳しかった。実娘にだけ親しく接すると「贔屓《ひいき》をして」と後ろ指をさされかねない雰囲気だった。だから麗子に対し、冨士野はあえて一定の距離を置いた。新しい環境でやってゆくにはこれしか方法がなかったのだろう。母には母のつらさがあった。誰にもいえない苦しみがあった。

　でもそんな事情を知らぬ麗子にとり、この仕打ちはあまりにむごかった。内之浦では母不在のさみしさを味わい、市内にきてからは、実母が目の前にいながらその母の愛を受けることができないという二重のかなしみを味わうことになったのだから。

　でもそんな彼女がたった一度だけ母を独占できた日があった。忘れもしない、女学校入学試験の日だ。その日は朝からしとしと雨が降っていた。麗子は母とつれだって家を出、受験会場に向かった。

　母とこんな風に二人っきりで歩くって何年ぶりだろう。一高女に着いた。物資難で紙はなく、数学も国語もなんと口頭試験だった。昼、冨士野と近くの食堂に入った。ああ母と一緒にいる。母は今自分のためだけにここにいてくれている。今こそ何か話さなくちゃ。でもこんな時に限って何を話してよいのか分からず、二人は他人のようにおし黙ったままだった。

それからもう一つの思い出は、秋の学校行事であった妙円寺参りの朝。早朝五時に集合であったため、保護者が学校まで送ってくれることになっていたのだ。秋も深まる十一月のことだった。その時も麗子は母と二人っきりだった。とはいっても母親と何か仲睦まじく話していたわけではない。二人の間には常にある種のぎこちなさがあった。

いとこの春ちゃん

春ちゃん（本村春子）は、冨士野の弟、千歳《ちとし》の長女で、麗子のいとこにあたる。麗子は内之浦で、春ちゃんたち兄弟と共に幼少時代を過ごした。

一人っ子であった麗子とは対照的に、春ちゃんには八人もの弟がいて、農作業で忙しい母タエに代わり、幼い時から弟たちの世話をした。十歳の時にはもうかまどに火をつけ、日々ご飯の支度をしていた。

物のない時代だった。母は乳が出ず、村には粉ミルクもなかった。飢えてぐったりしている弟の省三を背中にしょった春ちゃんは、すりつぶした米粒と水とで重湯を作り、それを哺乳瓶の中に入れ弟に飲ませた。「生きておくれぃ。生きておくれぃ。」

それだけではない。離婚した親戚の赤ん坊泰夫もまた、生後一週間で春ちゃん

前列右から二番目が中尾タエ（この時、春ちゃんはタエの胎内にいた）。右から三番目がツルばあさん、五番目が冨士野の妹冨美。後列右は春ちゃんの父千歳（ちとし）。

の家に預けられた。凍てつく川岸に降りてゆき、ぶるぶる震えながら春ちゃんは泰夫のおしめを洗った。寒さで手が凍り付いた。泣きながら洗った。

赤ん坊たちが夜泣きすると、彼女は火鉢でお湯を沸かし、砂糖と塩を少し混ぜた重湯を飲ませるのだった。だが省三は日に日に衰弱してゆき、三つの時ついに息絶えた。栄養失調だった。

昭和十三年十月、内之浦や近隣の高山町で山津波が起きた。未曾有の大雨だった。家の脇にかかっていた橋もまたたくまに流され、麗子は走り、五歳だった春ちゃんは父千歳の腕に抱かれ、山のふもとの方に逃れた。

当時の文献をよむと、この時の水害のすさまじさがわかる。「まるで潮のように押し寄せる洪水には、防ぎ得る何物もない。浸水した家は見る見る満水となり、

災害が起こった当時の内之浦。出典『内之浦町誌』。

人々は天井を打ち破り屋根の上に避難し、運を天にまかせた。なかには屋根にすがったまま急流に陥り、もうこれまでと泣きわめきながら、家族全員抱き合い下流に押し流された者もいた。」[2]

多くの死者がでた中で、幸い、麗子も春ちゃんも助かった。決して忘れることのできない高山川水害――。その後何度と経験していくことになる戦災の難も含めると、彼女たちはいったいどれほど多くの苦難をくぐり抜け、危機を乗り越えてきたことだろう！

2　参照「広報きもつき」令和三年八月号、高山川水害を悼む　2　https://kimotsuki-town.jp/material/files/group/1/kouhou202108_3.pdf

鹿児島女学校入学

一高女こそ不合格になったものの、バレー選手としての実力をかわれ、麗子は無試験で鹿児島女学校に入学が認められた。

麗子の継父は、幼少時より丁稚奉公人として働き、苦労に苦労をかさねて、化粧品屋を立ち上げた人だった。お店の中のすべてに目を光らせている感じで、小番頭さんなんかも大変そうだった。

食事時には、冨士野と夫が上座に、そして別の卓子には子供たちがずらっと座り、もう一つの卓子には使用人たちが座り、おのおの食していた。住み込みの店員さんたちが作ってくれた味噌汁の味のおいしかったこと！　四季折々の具と味噌の旨味が口いっぱいにひろがった。継父は刺身が大好物で、毎晩、彼の食膳には注文したての刺身が並んでいた。

よそ者麗子

母の再婚先の家には年ごろの娘たちがおり、彼女たちは後妻である冨士野を容易に受け入れようとはしなかった。ましてや冨士野の連れ子である麗子などは彼女たちの好むものではなかった。彼女たちはよそ者麗子が、家族の一員ぶって冨士野のことを「お母さん」と呼ぶことを好んでいないようだったので、彼女は冨士野に近づくことができなかった。

まもなく麗子に対するいびりが始まった。いたたまれなくなった彼女は、バレーに逃げ場を求め、夜遅くまで学校で練習に明け暮れた。とにかく家に帰りたくなかった。

夕食時になっても帰ってこない彼女を継父が「なぜ夕食の時間を守れないのか」と厳しく叱ったことがあった。麗子はうなだれ、じっと黙っていた。本当のことは言えなかった。誰にも言えなかった。その家の娘の一人と勉強机を共有していたが、教科書がなくなったり、ノートをとられたり、そういうことは始終あった。

それから、ある日、自分の修身の教科書の中に変なラブレターが入っていたことがあった。当時、エスという女同士で恋文を書き送る遊びが女子生徒の間で流行っていて、差出人のところには「浜島」という上級生の女子の名前が書いてあった。

不審に思った麗子は、上級生担当である阿倍野先生のところへ行き、事情を説明したところ、当の浜島さんは麗子のことなどまったく知らず、ラブレターなど書いた覚えもなく、阿倍野先生も「浜島さんはそういうことをするような人ではない」と強く否定した。

そうした矢先、麗子は偶然、自分の家のごみ箱の中に、そのラブレターの下書き便箋を数枚発見したのだった。まさか犯人が身内だったとは思いもしないことだったので、麗子がうけた心の衝撃は大きく、結局、阿倍野先生にも事の真相を話せずじまいになってしまった。

また娘の一人が疎開中に日記を書いていたのだが、そこには富士野および麗子に対する悪口がびっしり書き連ねてあったという。偶然、それを富士野が発見し、夫に見せたところ、夫はその日記帳で娘をたたき、「こげな要らんことをノートに書くな」と叱ったという。

とはいえ娘たちも当時、多感な思春期にあり、彼女たちが継母や彼女の連れ子を受け入れがたく感じただろうことは十分理解できる。また継父が実子も自分も分け隔てなく平等に取り扱い、女学校の費用を出してくれたことに彼女は感謝している。

だがやはり肩身が狭く、居づらかったことは事実だ。麗子が一高女に落ちた時、娘の一人が「ああ世間に向ける顔がない」と泣いていたが、家の面目をつぶしてしまったようで本当に申し訳なかった。逆に成績が良ければ良かったで今度は「あの子は出しゃばって」と面白くないようだったので、隅の方に小さくなってできるだけ目立たないようにしていた。いつも何かしら気を遣い、安心できる場所がなかった。

ずっと後に、夫となった道弘が麗子のそういった過去を知り、「そげん環境に置かれ続けて、よくも性格がひねくれなかったもんだ」と驚いていた。

太平洋戦争

昭和十六年十二月、太平洋戦争が勃発し、日本は全面戦争へと突入していった。

「This is a pen という英語の一文を習ったのもつかの間、英語は敵国語として禁止されるようになった。そう、「スプーンは匙、バレーボールは排球、バスケットは籠球《ろうきゅう》と言え」といった具合に。

学校では、軍歌の練習や竹やり訓練をさせられた。「ルーズベルト」（米大統領）や「チャーチル」（英首相）に見立てた藁人形を交代に竹やりで突いていたのだ。

今思えば、デマばかりが飛び交っていた。そしてラジオではいつも日本が勝っているような報道ばかりがなされていた。「直立不動、絶対服従。」「滅私奉公。」「欲しがりません、勝つまでは。」「ぜいたくは敵だ。」……

しかし年を追うごとに戦況は厳しくなり、配給のお米もままならない状態だった。夕食時になると、町内会長さんがふいに現れ、配給品以外の食糧をひそかに食べていないか抜き打ち検査に来たので、家の者たちはすぐさま、ちゃぶ台の下におかずなどを隠したものだった。

女子児童の薙刀訓練。写真提供：奈良市鼓阪小学校（奈良県立図書情報館今昔写真WEB蔵）。

国防婦人会の竹やり訓練。写真提供：奈良市鼓阪小学校（奈良県立図書情報館今昔写真WEB蔵）。

また、空襲警報のサイレンが鳴るたびに、皆大急ぎで大豆を煎り、瓶に詰め、逃げ込んだ横穴壕（＊山中に掘られた防空壕のこと）の中でそれを少しずつ食べていた。

一方、いとこの春ちゃんたちは、その当時、大隅半島の鹿屋にいた。春ちゃんの父千歳が鹿屋にあった海軍航空廠の事務をしていたからだ。春ちゃんは西原小学校に在籍していたが、もはや学業どころではなく、毎日、軍用機を蔽《おお》うための作業に駆り出されていた。

空襲警報が四六時中鳴り、そのたびに防空壕に隠れるのだが、シラス台地である鹿屋の防空壕はじめじめしていて居心地が悪いことといったらなかった。雑多な人たちが同じ防空壕の中におり、小さな子供たちはトイレを我慢できず、防空壕の中でうんちをしてしまっていた。

当時、からいも以外に食料はなかったが、父千歳は「油みそ」というおかずもどきのものを家で作り防空壕の中に持ってきていた。味噌と砂糖を油でぐちゅぐちゅかき混ぜ、それでねばねばしたなにか固形状のものが出来上がるのだが、それが子供たちのうんこと色も形もそっくりで、春ちゃんはとても食べる気にはならなかったという。

最初のうちは、壮健な男子だけが徴兵されていたが、戦況の悪化と共に、ついには病気の人や年長者の人々にさえも赤紙の召集令状が届くようになった。手作りの日の丸旗を持ち、出兵していく兵隊さんたちを見送り、遺骨となって帰ってくる戦没者たちの「白木の箱」を出迎えに行く——これが麗子たちの毎日だった。

男たちが次々に戦場に消えていくにつれ、今度は、女学生がさまざまな場所で労働に就くことになった。麗子は当時丙組で、畑仕事に回されていたが、隣の乙

出征兵士を見送る小学生たち。写真提供：奈良市鼓阪小学校（奈良県立図書情報館今昔写真WEB蔵）。

組の友人たちは、郡元の軍需工場に送られていた。しかしある日の朝八時頃、彼女たちの働いていた工場に爆撃があり、中にいた学友たちは一人残らず、無残な死を遂げた。

義兄の戦死

当時、二十二、二十三歳だった義兄の純男《すみお》も、病身でありながら、召集されて行った。いったい義兄がどこの戦地に向かったのか誰もわからなかった。

しかし、最初に連れていかれた霧島の宿営地に母や義姉が、純男の服を受け取りに行ったところ、胸ポケットの中に入っていた煙草箱の裏に、義兄の字で、「今から父島に渡る」と記されたメモがあったのだ。それによって家族は、純男が硫黄島で玉砕したことを知った[3]。一人息子だった純男の無残な死を知った父は、大泣きに泣いた。

3 **硫黄島の戦い**とは、太平洋戦争末期に小笠原諸島の硫黄島において日本軍とアメリカ軍との間で行われた戦い。フィリピンの戦いや沖縄戦とともに第二次世界大戦の太平洋戦線屈指の最激戦地の一つとして知られる。

鹿児島大空襲の晩[4]

昭和二十年六月。十四歳だった麗子は、母の再婚先の家の人々と共に、伊集院の竹之山という田舎に疎開していた。

しかし、その月に入り、所属していたバレー部を始めとする運動部の女学生に、「鹿児島市内に戻るよう」帰宅命令が出されたのだ。それは有無を言わさぬ、国からの絶対命令だったので、彼女は伊集院を発ち、徒歩で一人、鹿児島に向かった。

時は六月十六日。その日は大雨。たった一枚のこの帰宅命令の有無が、その後まもなく経験する人生の修羅場に至る一つの分れ目であったことを、いったい誰が想像できただろう。

翌日十七日の夜。がらんとした市内の自宅（＊現在の船津町）には畳も何もなく、到着した麗子は板の間に横たわり、何をするともなく、アルバムを繰《く》っていた。

すると、やみくもに空襲警報のサイレンが鳴り始めたのだ。外を見ると、山の方角（＊現・桜ヶ丘団地の当たり）に複数の軍機とネオンのような輝かしい光線がみえた。

「わあ、まるで花火みたい。なんてきれいなんだろう？」初めて見るこの光景に麗子は見入った。この「花火」が、いわゆる焼夷弾という恐ろしい爆弾であることを知ったのはもちろん後になってからだ。

花火のような焼夷弾は山のほうから急速に市街地に向かってきた。自宅の防空壕に入ろうとしたのだが、昨日の大雨で、防空壕は水びたしになっており、布団をその中に入れてもやはり自分が入れる状態ではなかった。

そのため、焼夷弾をよけながら町内会の防空壕に駆け込み、そこにしばらく隠れていた。その後、一時的に空襲がおさまったように見えたので、その間をぬって、彼女は自宅に逃げ帰った。

今思うと、そのわずかな時の一挙一動が、自分の生死にかかわる重大な意味をもっていたのだが、さなかにいた麗子にはそのような事を知る由もなかった。

事実、自宅に戻った彼女は、学校で使っていた辞書を一冊手に取ると、「これを持って逃げようか、どうしようか?」などと考えていた。

絶体絶命のこんな非常時にどうして辞書を持って逃げようか否かなどと悩むのか、いぶかしく思われるかもしれない。だが、説明のつかない、不可思議なその時の心境を麗子は今でもはっきりと覚えている。

と、その時、表から大きな声が聞こえてきた。「麗子ちゃん、ここにいちゃいかん。逃ぐっど!」見ると、向かいの自転車屋のおじさんが日本刀を背中にしょったまま、叫んでいた。その声に押し出されるかのように、麗子は焼夷弾によって火の海と化した通りに飛び出した。

もしあの時、自転車屋のおじさんが声をかけてくれなかったら、彼女はそのまま家にとどまり、自宅の防空壕に入り込もうとし、そこで確実に爆撃死していたはずだ。というのも、それから数時間のうちに、家は跡形もなく焼失したのだから。

また、麗子以外の家族は皆、田舎に疎開していた。もしもあの時、家の人々と共に自宅にいたら、こわがる姉妹たちを置き去りにして一人、外に飛び出すようなことはしなかっただろうから、いずれにしても自宅で家族もろともに爆撃死していたと思う。

外に出ると、通りはもう、火と爆弾と死体で地獄のような有様だった。彼女はバケツで水をかぶりながら、死体を飛び越え、機銃掃射を必死によけながら、ひたすら走り続けた。山形屋デパートの地下に辿りつくと、そこはもう人で一杯で、入る余地がなかった。そのため今度は、海岸の方角に走り始めた。しかし海上も人で一杯だった。

「どうしよう?」すさまじい混乱のさなか、麗子は無我夢中で照国神社の方向に向かって走り始めた。そして神社の境内の左側にうずくまった。境内の高台から、山形屋ビルや高島屋が炎に包まれ、焼け落ちていくのが見えた。そして後に、あの時、山形屋地下に避難していた人々は全滅したことを知ったのだ。

夜半に始まった空襲はこうして明け方まで延々と続いた。こうして町も、家も、思い出の一杯詰まったアルバムも、青春も、何もかもが戦火の中に焼失していった——。

4　**鹿児島大空襲（かごしまだいくうしゅう）**は、第二次世界大戦末期にアメリカ軍によって行われた、鹿児島県鹿児島市と周辺に対する都市無差別爆撃の総称。鹿児島市に対する空襲は一九四五年（昭和二十年）の三月から八月にかけて八回行われており、合計で死者三千三百二十九人、負傷者四千六百三十三人の被害を出した。鹿児島市に対する空襲の中では同年六月十七日の空襲は鹿児島市内一円に対して行われ死者二千三百十六人、負傷者三千五百人となり、最大の被害を与えた〔参・ウィキペディア。一般戦災死没者の追悼―鹿児島市における戦災の状況（鹿児島県）――総務省〕。

命からがら竹之山へたどり着く

その後、雨の中、隊列をつくり、麗子ら生存者たちは、軍事用のトンネルを何時間も何時間も歩き続けた。真っ暗で目の前が全く見えないので、前の人につかまりながらの進行だった。混乱のさなか、靴もどこかに脱げ、はだしだった。

翌日、ようやく小山田という田舎に到着した。そこに遠い親戚がおり、少し食料を恵んでもらった。その後さらに歩みを続け、麗子は命からがら竹之山にある疎開先の家にたどり着いたのだ。

前日の晩、「鹿児島市内は全滅やっど」というデマが飛び交っていたようで、疎開先の家に入ると、母冨士野は娘が死んだものと思って、すでにお線香を焚き、半狂乱になっていた。

その頃、継父は、麗子を探しに自転車で天文館に戻る道中にあった。しかし市街は全くの焼け野原になっており、どこが自宅跡なのか皆目見当がつかない惨状にあった。

幸い自宅ベランダにあった飾りが焼失せずに残っていたことで、継父はわが家の防空壕をついに探し当てた。そして防空壕の中の布団を一枚一枚めくりながら、「いつ麗子の亡骸が出てくるか」と、生きた心地もしなかったと後に語ってくれたのだ。

あゝ友たち！

そして終戦。その日、村の大人たちはラジオの玉音放送を聞いていた。麗子はふすま越しにそっと聞き耳を立てていた。男たちは、「米兵が上陸し、我々を皆殺しにするに違いない。その前に自決した方がいい」「では女・子供たちはどうするか？」「女・子供たちは井戸に投げ込もう」等、集団自決の方法について話し合いがなされていた。

なにしろ情報がほとんどなかった時代。当時の日本人は、アメリカ人とはライオンのように恐ろしい獣なのだと思い込まされていたのだ。沖縄では無数の女・子供たちが集団自決し、無残な死を遂げていったが、ここ鹿児島でもそのような話し合いが実際になされていたのだ。無念でならないのは、このようにして多くの尊い人命が失われていったことだ。

戦争のただ中に生まれ、欠乏と苦境と悲惨の中ではかなくも散っていった家族や友人たち。戦争は絶対にいけない。戦争体験者としてこのことを後の世代の人々に伝えたい——これが麗子の切なる願いだ。

第二部

終戦から岩崎谷荘時代まで

バレー部で鍛えられていた壮健な麗子は、終戦直後から母の再婚家の片腕としててきぱきと立ち働いた。なにしろ食糧難の時代だった。家を焼きだされ、すべてを失った人たちがゼロから出発しようとしていた。誰もが生きるために必死だった。

冨士野に頼まれ、麗子はリュックに着物や帯をしょい、伊集院や市比野の農家に出かけていっては、わずかなお米と物々交換してもらった。あれほど着物好きだった冨士野がみずからの着物を手放すのはさぞかし辛いことだったろうと思う。でも生き延びるためにはそれより法がなかった。

爆撃により焼失した家を再建するため、冨士野は、内之浦の家を解体し、船でそれらを市内に運んだ。麗子は家を再建する大工さんたちのために日々、おにぎりを作った。

鹿児島港に近い「名山堀」は、満州・朝鮮からの引揚者たち、離島の船待ちの人々の建てたバラック小屋であふれていた。やがてその界隈は県内でも最大規模のヤミ市となり、米、手製の石鹸、鍋等ありとあらゆる日用品が売られていた。

結婚 ―新しい出発―

こうしてはやくも月日は流れ、麗子は十九歳の春を迎えた。母は、自分の再婚先で居づらそうにしていた麗子を一刻もはやくお嫁に出し、新たな環境で幸せになってほしいと願っていた。折しもこの頃、千歳旅館の女将前田サダが息子道弘の嫁探しをしていた。

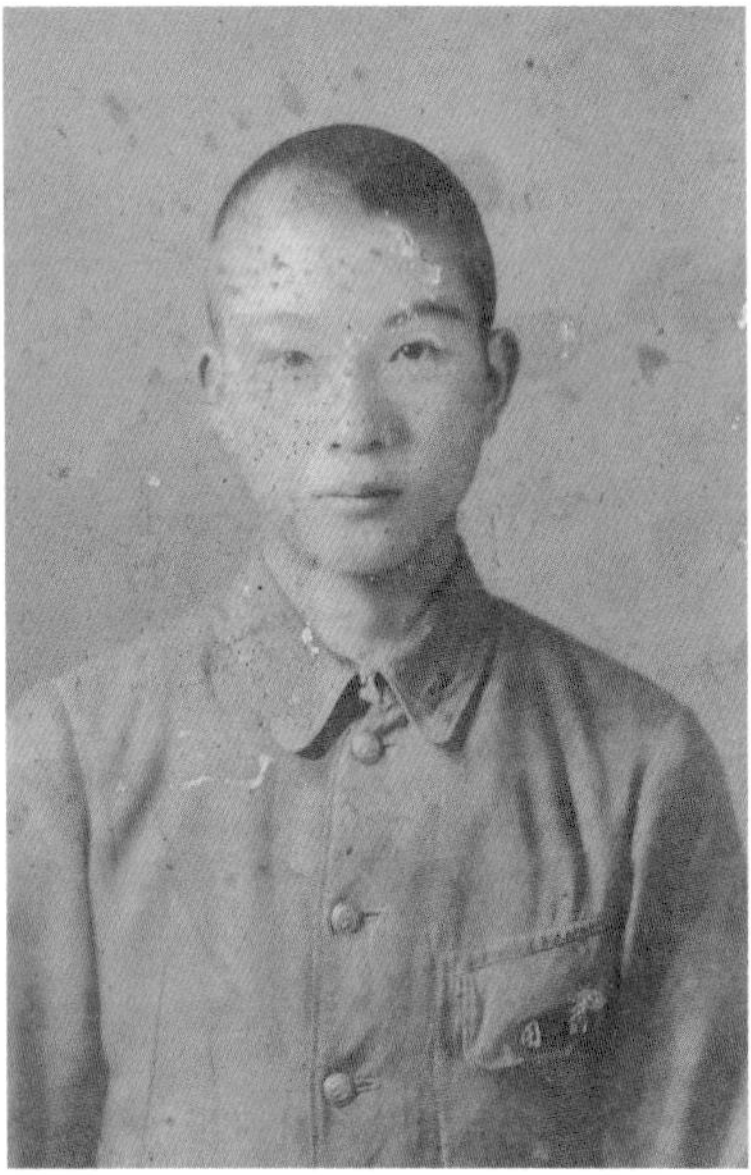

兵隊時代の道弘。

麗子の夫となる前田道弘（後に養子縁組で永井性に改名）は、前田吉太郎、サダの次男として鹿児島市に生まれた。

終戦後、道弘はやみで仕入れた巻きたばこ、黒砂糖等からの売上金をもって大阪に行き、そこで医療品を買い、鹿児島で売っていた。何度か警察につかまり、留置所に入れられたり、裁判にかけられたりもしたそうだ。親に迷惑をかけないよう、二十代前半で財産放棄もしている。独立独歩の彼はこうして誰の手も借りず、混乱期の日本にあって己の事業を建ち上げようとしていたのだ。

道弘は養母永井さわさんから三千円借りた。そして夜中に船で種子島に密航、闇取引で黒砂糖を買い入れた。その後鹿児島市に戻り、その黒砂糖を一万円以上で売却。さわさんに借りた金を返し、手元に残ったのは七千円。これが事業を起

千歳商店創業時（現：レトロフト・チトセ）。

こすための初の資本金となったのだ。彼は弱冠二十五歳にして現在のレトロフト・チトセがある場所に土地を購入。靴の卸屋、千歳商店の誕生である。

この頃、道弘には交際していた女性があったが、相手がクリスチャンということで彼の家族、――とりわけ敬虔な浄土真宗信徒であった母サダは結婚に猛反対した。

そうした後、サダによって花嫁候補に選ばれたのが麗子だった。お見合いで会ってみると、麗子は当時の令嬢方とは違い、商売の才に長け、ビジネスの話をも道弘と対等にできる女性であった。「よし!」これが道弘の気に入った。

こうして昭和二十五年、道弘と麗子は結婚した。千歳商店での激務の間をくぐり、二人は霧島へ新婚旅行へ行った。

霧島での新婚旅行。

緑溢れる丘に二人は駆け上った。麗子は幸せだった。新鮮な空気を胸いっぱいに吸うと、今まで感じたことのない解放感が自分のうちから湧き上がってきた。

「ついに自由になった！　私は私の幸せをつかんでいいんだ！」わっと叫びだしたいような気持だった。もう誰に気兼ねすることもない、誰にいびられることもない、人生の新しい一ページが今開かれたのだった。

道弘、病に倒れる

ところが喜びもつかの間、結婚わずか十日後に、道弘は肺浸潤《はいしんじゅん》という病に倒れてしまったのだ。肺浸潤というのは当時、肺結核の初期の状態のことを意味していた。医者からは絶対安静を命じられ、道弘は病臥を余儀なくされた。ああ一体、お店はどうなるのか。

さてここから心温まるチーム・プレーが始まる。冨士野は当時、洋裁学校で学んでいた春ちゃんに「麗子は料理ができんから、手伝いに来てくいや」と頼み、春ちゃんは、「はい、よかですよ」と大好きだった洋裁の勉強をなげうち、鹿児島に手伝いに駆けつけてくれたのだ。

親戚が困難にあると聞き、自分の夢や好きな学びをあきらめてまでも、他の人の福利のために尽走できる人はこの世の中、そう多くはない。幸い、麗子にはこういう類まれなるいとこがいた。

それから姑サダが、道弘の看病を申し出てくれた。「麗子さん、道弘の世話は

麗子を助けに駆けつけてくれた春ちゃん。
千歳商店の前にて。

あたいがすっから、おまんさーは、店のことをしてくいやんせ。」

サダもまた実にいい人だった。毎朝五時にお寺への参拝に行き、困った人をみると自分の持てるものを施さずにはいられない、そんな心清らかな女性だった。

彼女はまた「火事おばさん」としても有名だった。近所で火事があると聞くや、被災者の方々のためにおにぎりを作り、彼らのところに持っていっていたからだ。

やむなくごきぶり一匹をスリッパの先でつぶした際にも、「なんまんだー、なんまんだー」と合掌し、ごきぶりの成仏のため祈りをささげるほどだった。こういう博愛精神の持ち主であったから、もちろん、嫁いびりなど、到底考えられないことだった。

敬虔な道弘の母、前田サダ。

こうして、やさしい姑サダ、いとこの春ちゃんの助けを得ながら、麗子は弱冠十九歳にして千歳商店の運営に乗り出すことになった。

まずは靴を神戸に仕入れにいかねばならない。すりに掏られないよう札束の入った腹巻を念入りに腹に巻く。いざ出陣！「ゴットン、ゴットン。」神戸までの道のりは長い。途中、ついうとうとしてしまいそうになるが、居眠りしている間に腹に巻いた大金を盗まれたら大変と眠気との闘い。

神戸の長田区には当時、ゴム産業やケミカルシューズ等皮革産業の集積地があり、労働者の多くが朝鮮の人々だった。彼らの人情味の温かさに麗子は感動した。

一方の春ちゃんは、冨士野を手伝い、麗子を手伝い、道弘を世話するサダを手伝い、千歳商店を手伝った。冨士野は家事・炊事に余念のない春ちゃんに「まぁまぁ、仕事はそのくらいにして、さあこっちへいらっしゃい。一緒におしゃべりしましょう」としばし誘った。

冨士野はどんな状況にあっても不平不満を言わない忍耐の人であったが、春ちゃんには、彼女の置かれている状況の大変さやつらさが痛いほどわかった。「この人ほど思いやりがあり深い配慮がある人はいない。」春ちゃんは思った。

ある日、丸屋デパートと春田屋の間にある通りを歩いていた時、ふいに冨士野が春ちゃんに明かした。「麗子がね、今、妊娠三か月なのよ。」あゝわが娘麗子に子供が生まれる！　この喜びを喜びとして共有してくれるのは春ちゃんをおいてほかにいない。

人生に起こった悲劇によってわが子に愛を注ぐことができなかった冨士野にと

冨士野と孫の美津子。

り、お腹にやどった麗子の子は、彼女自身の再生物語に他ならなかった。冨士野はこの子の誕生を待ちわびた。

千歳商店の恋物語

千歳商店の向かいには当時消防署があった。そしてそこの消防員たちの靴の仕立ては千歳商店が受け持っていたため、時々、足の寸法を測りに消防士たちが千歳の店にやって来ていた。

本村節雄消防士もその一人だった。そして彼は商店で立ち働くうら若い乙女、春ちゃんに恋をしてしまった。火事の火を消すことはお安い御用だったが、己の

春ちゃん（左）と同僚。

内に燃え上がりし恋の大火はなにをもってしても消すことができなかった。

こうして恋の病にかかった節雄は、商店の前をうろうろしたり、春ちゃんに出くわすようなところにスタンバイしていたり、夜遅く店に電話をかけ彼女を呼び出したり、もうそれは大変なことになっていた。「顔つきがおっかない。怖い人に違いない。」「年もひとまわり上だ。」春ちゃんの周囲は猛反対した。

それで当の春ちゃんはどうしたか。節雄氏の猛アタックを受け、彼女曰くついに「根負けした」のだそうだ。昭和二十九年、周囲の反対を押し切り二人は結婚。しかも、ふたを開けてみると、このおっかな顔の節雄氏が実はとんでもなく愛情深く、慈愛深い人であることが皆に判明。後に麗子の夫は、「節雄どんの記念碑を建てんないかん」と彼の善行を称えていたという。

ある年の年賀状に春ちゃんが「世間は〔韓流ドラマの〕ヨン様、うちは節様」と書いていたが、お見合い結婚がほとんどだったあの当時、千歳商店では映画さながらの大恋愛ドラマが繰り広げられていたのである。

手ぬぐい社長

お洒落な麗子とは正反対に道弘は実用一点張りの夫だった。腰に手ぬぐいをさげ、くたびれた上着をまとい、彼は日がな靴箱の整理や修理にあたっていた。彼には見栄というものがまったくなかった。社長ではあったが、終生、質素な身なりで過ごした。

道弘。

麗子が感心したのは、道弘が非常な倹約家でありながらも、困っている人や慈善事業に対しては惜しみなく献金するところだった。

こういう慈愛精神は母ゆずりだったのかもしれない。また道弘が生涯、無借金で経営をつづけることができたのも、空威張りのない等身大の生き方があったゆえかもしれない。

また従業員の扱い方も千歳商店はずいぶん違った。道弘はしばし麗子を戒め、次のように言い聞かせた。「麗子、従業員をば大事にしなければいかんよ。あの人たちの力があってこその千歳商店じゃっど。大切にせんと。」

年に二回、道弘は従業員の慰安旅行を企画した。二グループに分かれての旅行だったが、えらく気前のいい道弘が率いる組は、いつも人気があった。

社員の慰安旅行。

いとこの春ちゃんも毎回この慰安旅行を楽しみにしていた一人だった。ある時、道弘が刺身を西洋パセリとからめて食べているのをみて彼女は驚いてしまった。

「刺身にはふつうシソの葉が添えてあるではないか。さすが旅館で育った息子だけあって、粋な食べ方を知っているなあ。愉快愉快。」

昭和三十年代の東京の下町でたくましく生きる人々の姿を描いた『ALWAYS 三丁目の夕日』という映画がある。貧しくも人々が肩を寄せ合い助け合いながら、戦後日本を再建していった時代。そしてそういった人間ドラマは千歳商店を舞台にしたここ鹿児島においても繰り広げられていたのだ。

女将《おかみ》への道

「思えば、旅館経営の現実を知らずにあこがれだけで私はあの世界に飛び込んじゃったのよ」と麗子は回想する。そう、彼女は弱冠二十八歳にして老舗旅館「岩崎谷荘」の女将になったのだ。

岩崎谷荘は、西南戦争で西郷隆盛が切腹した城山のふもとにあった旅館だ。昭和五年に道弘の伯母永井サワが創業した。米軍の空襲で焼失するも、終戦三年後の昭和二十三年にはやくも再建。昭和三十二年に道弘が買い受けた。

とは言ってもこの買い受けに当初積極的だったのはむしろ麗子の方であって、道弘は乗り気ではなかったという。旅館の息子として育った彼は、旅館業がいかに大変かということを身をもって知っていたからだ。

一方、麗子はこの新しい未知なる世界にどうしても飛び込んでみたかった。やれるだけやってみたいという気持ちが燃えたぎっていた。

天皇陛下がお泊りになられる！

　すると女将就任早々、大変なことが起こった。昭和天皇がお泊りになられる、というのだ。天皇をお迎えするだけの設備が整っていないということで最初はお断りしたが、宮内省の方からやはりどうしても、ということで結局、お引き受けすることになってしまった。さぁ、大変！　どうしましょう。

　昭和三十三年といえば、天皇陛下を神のように仰ぐ、まだそんな時代だった。お迎えする準備も微に入り細に入る入念さだった。

旅館従業員は一人一人、徹底的に身元調査を受けた。ふとんを縫う針の数もすべて正確に数え上げられ、一本たりとも欠けがあってはならない。天皇陛下が召し上がる料理はすべて二時間前に関係者により毒見がなされることになっていた。天皇陛下に関することは一切他言してはならないし、女将といえどもそばに近寄ることはできなかった。

ところが――。昭和天皇が朝食後、庭をひとりだけで散歩する写真が　永井さんの手元にある。偶然に見かけた永井さんが思わず撮った。応接間のガラス越しに。手持ちのカメラに布をかぶせて。体が震えた。三年ぐらい誰にも明かせなかった。「ほんとうにリラックスしたお姿でした」

（昭和天皇も三回宿泊「谷崎谷荘」。朝日新聞、二〇二三年四月二十八日、朝刊、25頁）

昭和33年、昭和天皇、朝のお散歩。

その後も、常陸宮さま、高松宮さま、皇太子さま（現・上皇様）ご夫婦等、皇族の方々を続々とお迎えした。「結婚されたばかりの美智子妃、本当にお綺麗だった」と麗子は回想する。

皇太子ご夫妻をお迎えした日、三歳だった麗子の息子もいっしょに玄関に立っていた。部屋に入られた美智子さまは「さきほど玄関でお見かけしたあの坊ちゃまは息子さんでしょうか。私どもの子もあなたの息子さんと同じくらいの年齢で、やんちゃな年ごろなんです。息子さんはどうですか」と気さくに訊いてこられた。

昭和天皇、お着きの時。

昭和37年、皇太子明仁親王（現：上皇陛下）鹿児島初訪問、青年の集いにご参加。

美智子妃（現：上皇后陛下）。

高松宮両殿下と。

貴賓室。

岩崎谷荘、貴賓室。

皇太子ご夫妻のお食事時には、麗子は脇にひかえていた。美智子さまは生け花に目を留められ、「これはなんというお花ですか」とお尋ねになった。あぁ知らないどうしよう、麗子は焦った。

というのも皇族が宿泊されるということで、お部屋にはかねて生けてあるものとは違う特殊な花々ばかり飾ってあったからだ。その後すぐに係の者へ電話を入れ、花の名前を聞き出し、なんとか無事にお伝えする。ふぅ〜。

それにしても美智子さまのたおやかなことといったら！　お食事中、明仁さまがなにかをお尋ねになるたびに美智子さまはお食事をやめ、お箸をきちんと置き、そしてしずかに質問にお答えになっていた。だから彼女の食膳はなかなか空にならなかった。

やりがいと犠牲との間で

麗子は旅館業と子育てを両立させたいと思っていた。が、それは難しかった。子供たちが幼稚園や小学校から帰る頃に麗子は旅館へ。仕事が終わって夜半帰宅する時には子供たちは寝静まっていた。そのため、子供たちの世話は女中さんたちに任せざるを得なかった。学校の保護者会にもなかなか行くことができなかった。

皇族や芸術家らも泊まる昭和の名旅館だった岩崎谷荘。そこの女将として麗子は三十三年にわたりこの道を邁進《まいしん》した。苦労も多かったが、そこで学んだこと、得たことは計り知れない。

麗子の子供たち。美津子十歳、弘美七歳、明弘三歳。

女将として昭和の日本の変遷を見、証人として生きてきたことの意味は大きい。他方、やりがいだけでなく、それはまた麗子をしてその他のことを犠牲にせしめる厳しい道でもあった。

閉館は、平成二年。鹿児島市の都市計画による城山トンネル建設が契機だった。当時、病に臥していた道弘は最後の力を振り絞り、旅館の整理と、トンネル開通後のマンション建設の構想を練った。

そして出来上がったマンションに入居者が入るのを見届けてすぐ後、亡くなった。

「自分の逝った後、麗子が困らないように」と、生前ありとあらゆる配慮をし、準備してくれた道弘に彼女は感謝の思いでいっぱいだ。そう、岩崎谷荘は、今は亡き夫とのかけがえのない思い出の共有宝庫なのである。

夫亡きあとにも

平成十一年（一九九九）年十二月二十九日、夫道弘がくも膜下出血で倒れた。大晦日に近いその日の朝、麗子は一階で部屋の掃除をし、道弘はいつものように二階の自室にいた。

昼食の時間になっても階下に降りてこないので、不審に思った麗子が二階に上がった時には、すでに道弘はこの世の人ではなかった。

道弘享年七十四歳。遺された麗子は六十八歳だった。悲しみとショックで憔悴し切っていた麗子をいたわり、通夜では春ちゃんが御棺のそばで寝ずの番をしてくれた。道弘の亡骸には鶴文様の紫羽織が被せてあった。春ちゃんはその晩、彼を偲び枕元で次のような歌を作った。

鶴の舞う　夜具に包まれ　黄泉の国
今いずこの空を　飛びて往くかな

春子

半世紀にわたって寄り添ってきた夫。家の中も庭も彼を彷彿させるもので溢れていた。なにを見てもなにをしても亡き夫を思い出さずにはいられなかった。とめどなく涙があふれた。

特に夕暮れ時になると、言葉では表現することのできない悲哀が胸をつらぬいた。こうして一年半余り、彼女は亡き夫を思い出しては泣き、ただひたすら別離の悲しみに耐えた。

しかし悲しんでいたのは人間だけではなかった。生前、道弘はクロという猫を飼っていたのだが、それはそれはもう大変な可愛がりようだった。よく火鉢のそばでクロに小魚の干物を与えては頭をなでていた。葬式の日、悲しむ参列者に混じり、クロもウロウロ落ち着きなくうごめいていた。ボクの主人はどこに行ってしまったのだろう。

かねて一階で生活していたクロはその日を境に二階に引きこもってしまった。いっこうに外に出ようとしないクロの様子が心配になった麗子が二階に上がってみると、クロは悲しみの余り、円形脱毛症になっていた。

一周忌も近くなった翌年の師走、家の改修工事があったのだが、道弘に驚くほど似た大工さんがやって来た。クロは彼から片時も離れず、彼のそばで幸せそうに目をつぶり、横たわっていた。そして数日後、道弘の命日の日に主人の後を追うかのようにクロはあの世へ旅立っていったのだ。

大正生まれの道弘は芯が強く、生き方において屈強な人だった。人に頼らず、独立独歩。根性者だった。自分には厳しく、人にはやさしかった。一切ぜいたくはせず、ものを大切にする人だった。ただ彼に対する「口答え」はご法度だった。

こんなことがあった。新婚の頃、道弘がある日を境に突然、麗子に口を利かなくなったのだ。あまりに露骨に無視するので腹が立った麗子は、街に飛び出し映画を観に行った。夕方、家に帰ると玄関の戸は内側から鍵がかかっており、彼女は閉め出しを食らった。

実家に逃げ帰りたかったが、母の再婚先の家には自分の戻る場所がなかったのでそこにたたずむより仕方がなかった。こうして一週間経っても一週間経っても、道弘は彼女を無視し続けた。彼女が作ったごはんにも手を付けず、自分でロースハムなどを買ってきて勝手に食べていた。何が原因でこうなっているのか訳が分からなかった。

ついに一か月ほど経ったある日、麗子は夫に言った。「ごめんなさい、もしなにか私、気に障るようなことを言ったのなら。」すると道弘は即座に「ないごて、その『ごめん』をもっとはやくに言わんかったのか」と答えた。

なにかのことで口答えをした麗子が「ごめん」という一言をいわなかったこと

で道弘が一か月も口を利かなかったことに彼女は仰天した。

そんなことも今となってはすべてなつかしく、切なく、愛おしい。生きるのに精いっぱいで自分の青春には初恋もロマンスもなかった。道弘にしたところで少女漫画の中に出てくるロマンチックな世界とはかけ離れた人だった。

でも彼は深いところで自分を理解し、包み込んでくれる人だったように思う。道弘が逝ってから二十五年以上の年月が経ったが、彼は今でも無言のうちに時々麗子の夢の中に現れるという。彼岸と此岸《しがん》をまたいでの絆。パパちゃん、ありがとう。

原点

あれはいつの頃だったのだろう。寝ていた小さな麗子を母が「どっこいしょ」と抱っこしてくれたことがあった。なにかのことで富士野は大阪の出稼ぎ先から数日、内之浦に戻っていたのかもしれない。

ああ心地いい。なんてあったかいんだろう――。とうに目は覚めていたが、いつまでも母の胸に抱かれていたく麗子は寝たふりをしていた。

お母さん、私を置いてどこに行っていたの？
お母さん、私と一緒にいて。ずっとずっと。

時の流れの中で、彼女もやがて大人になり、妻として、母として、女将として確固とした人生を歩んできた。多くの知古を得、孫・ひ孫にも恵まれた。

それなのに、そんな自分が今なお母の胸に抱かれていたいと思うのはなぜだろう。なぜ冨士野のことを「お母さん」と呼べなかったことに、九十年経った今も胸が疼くのだろう。

ほら　小さい麗子が　泣いている。
母を求め　おてて　ひろげてる。

多彩な表情をもつ川の底に、一つの流れがある。母の愛を求めてやまない幼子のこころだ。この地上において、麗子にはそれが阻まれた。それは悲劇といっていいだろう。彼女の人生の原点にまさしくこの悲劇があった。

そして麗子の強さはこの悲劇を悲劇で終わらせなかったことにある、と思う。母の愛を求めてやまないその根源的もとめは、屈折することなくむしろまっすぐ飛翔した。そしてその後の人生の中で昇華され、芸術的な諸表現のうちに多くの実を結んだ。

麗子の作品や舞踊を見、やわらかさと力強さの織り交ざったその独特の美に感動する人は多い。人生における喪失は喪失ではなく、むしろ、新しいもの、さらなる高みに挑んでゆく跳躍台なのだ。だから人はたとい悲しみの重荷を背負っていたとしても、試練のただ中にあるとしても、そこにおいて尚も自己を表現し、前へ進んでいくことができるのだ。

麗子の人生がその真を証しているだろう。

著者あとがき

いったい一人のひとの人生を語るに、なにが大切なのだろうか。無数にある出来事や思い・考えのなかで、その人の生を生たらしめ、人生のかたちを決定づけるような――、そのような核となるものはどこに見いだされるのだろうか。

祖母は花々のあいだを舞う、ちょうちょのような人。可憐にかろやかに飛び回る。彼女の語りもそう。たえずこちらに行き、あちらに行き、一つどころに止まることがない。流れる川のごとく、とらえどころがない感じなのだ。

しかしある日、四方八方に舞うそのちょうちょが、それでもたえず戻っていく、いくつかの「スポット(原風景)」――これが私の心の目に見える瞬間があったのだ。
「これだ」と思った。私は自分の目に映った祖母のこの心の風景を描きたいと思った。哀しみの情景、喜びの展望、彼女にとって忘れられないそれらの出来事やそこから生み出されてきた思いに焦点をあて、祖母のこころの軌跡を読者の方々と共有できたらどんなにいいだろうと。

麗子ものがたりは、個人のストーリーであると同時に、彼女にかかわる多くの人々のストーリーをも包含している。その中には彼女に良い影響を与えた人々もいるし、逆にそうでなかった人々もいる。しかし大切なことは、良きにつけ悪しきにつけ、彼女の人生にかかわることになったすべてのもの、すべての人々が、最終的には今の祖母――忍耐づよく美しい女性――を形づくり磨き上げる「布やすり」として善用されたということではないかと思う。

祖母の話を聞き取りながら私が感じたのが、「いのちを継ぐ」ことの大切さだった。懸命に生きてきた祖母の生からなにかを感じ取り、それを自らの生のうちに受け入れ、愛し、慈しんでゆくこと。今ある自分は、麗子をはじめとした、このストーリーに出てくる一人ひとりの生の営みなしには考えられない。

その意味でこの本は、永井麗子という人のきわめて個人的なものがたりであると同時に、戦中・戦後を生き抜いた数多くの同時代人の生とも共振する〈みんなの昭和史〉という公同的側面も持っているのではないかと思う。

どうか私たち一人一人が、これらの物語を通し、自身をはぐくみ、形成してきた大いなるもの、歴史的なもの、いのちにつながるものへの深みへと導かれ、私たちがそれらを感謝のうちに受け継いでゆくことができますように。

本書を執筆するにあたり、多くの人々の助けをいただいた。特に、本村春子さん、中尾敏雄・美紀子ご夫妻、鮎川喜代子先生には貴重なお時間を割いていただき、当時のお話をうかがうことができた。この場をかりてお礼申し上げたい。また良き助言をしてくれた両親にも深く感謝している。

令和五年六月二日
富加見絹子
nagaireiko.monogatari@gmail.com

【補遺】

麗子と芸術

日舞との出会い

戦争により青春を奪われた麗子の胸のうちは、知りたい、学びたいという向学心で燃え滾《たぎ》っていた。物事を始めるのに遅すぎるということはない。今が「時」なのだ。今というこの瞬間に、私は自分の最善をつくし、ひるまず恐れず新しいものに挑戦してゆきたい。ぶつかってゆきたい。

そんな麗子を夫道弘は全面的にサポートした。「麗子、なんでも習いたいものは習いなさい。」姑サダも意欲のある嫁に深い理解を示し、「麗子さん、仕事は仕事、趣味は趣味。ご自分の趣味を持つことは良いことですよ」と背中を押してくれた。

折しも鹿児島市制施行六十周年の記念として、「おはら祭り」という祭事が誕生していた。昭和二十四年のことだった。千歳商店からもおはら祭りで踊る人をだしてくれるよう市の方から要請がきた。

「踊れるものなら踊りたい。でも私はまったくの素人。」そんな麗子に道弘は言った。「なんなら、いっそのこと、ちゃんとした踊りを一度習ってみたらどうか。」こうして麗子は藤間流日本舞踊の師匠藤間小伊蔵《こいぞう》の門を叩いたのであった。

初めて古典舞踊をみた時の感動を彼女は今も忘れない。舞踊と小唄、そして三味線。なんともいえないこの三味線の音色に彼女の心は魅せられた。このいとも麗しい音楽に合わせ、舞を舞う！　初めての子をお腹に宿しながら妊娠六か月まで彼女は舞踊の稽古に励んだ。そして長女美津子が生まれてからは赤ちゃんを連れて稽古場へ通った。

こうしてめきめき成長した麗子は十年後、名取になるべく東京にいる家元、藤間勘右衛門を訪れた。だが旅館業に差しさわりがあるので、たとい名取になっても弟子をとったり日舞を職業にしたりしてはいけない、というのが夫との約束だった。また日舞の世界は家元制であり厳密な上下関係やしきたりがあった。稽古場に入ってから師匠の前に出るまで何度も座礼をしなければならない。

しかしそういう煩雑《はんざつ》さがあってもなお、麗子は七十年以上にわたり日舞をつづけてきた。やはり踊ることは楽しいからだ。舞踊の中の役者になり、唄や楽器の音色とともに、無心で舞う。躍動感が心をそして全身を貫く――。

麗子の名取名「歳千代」は、道弘のアイディアによるもの。
千歳商店の「千歳」の文字を逆さにしてもじった。

麗子三十代、演目「鐘ヶ岬」。

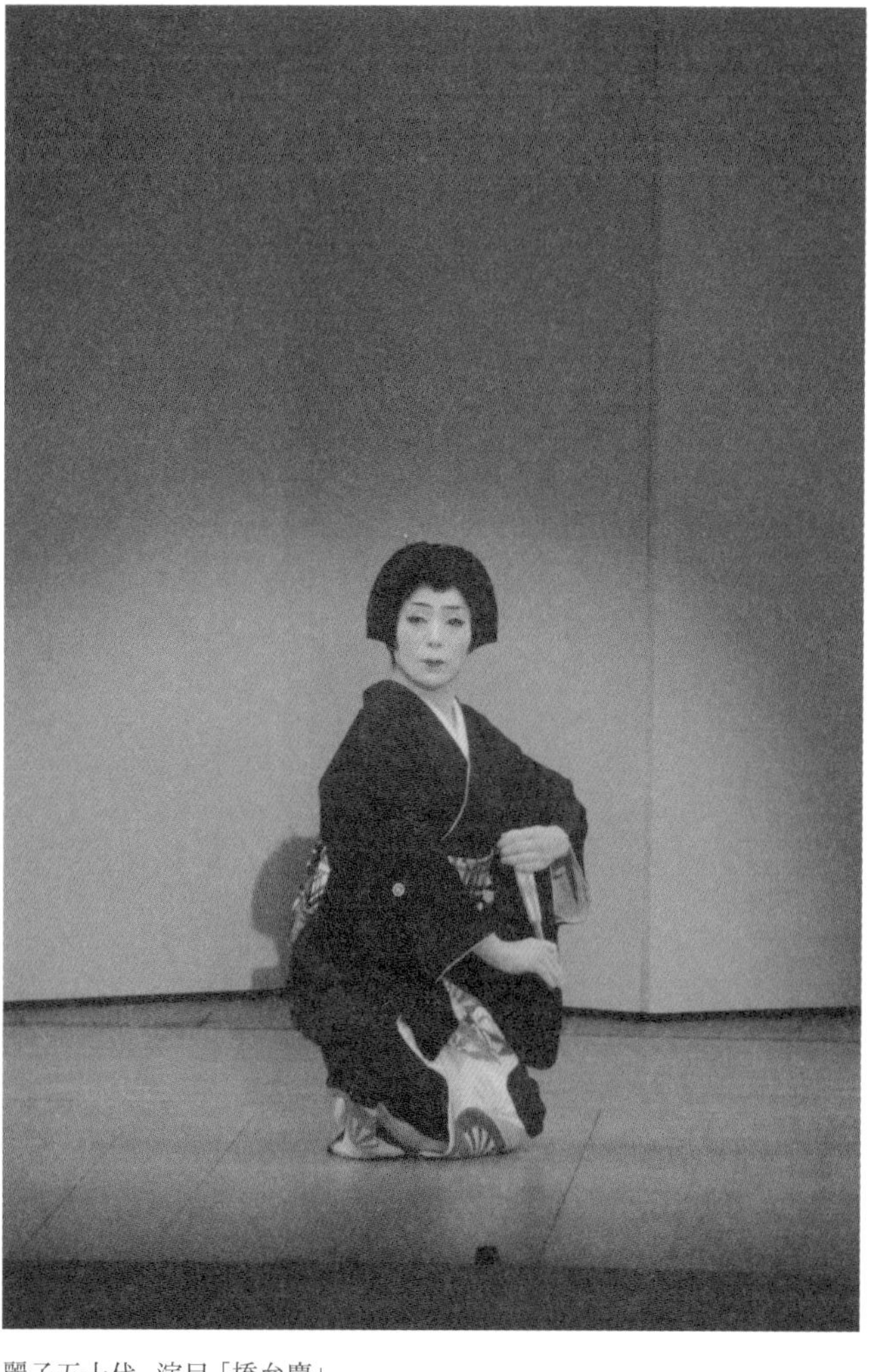

麗子五十代、演目「橋弁慶」。

麗子89歳、演目「祭りの花笠」。

大舞台での公演であれ結婚式等のご祝儀舞であれ、家庭での小さなお披露目であれ、それらは等しく麗子の心を歓喜で満たした。舞を通して自己を表現し、周囲の人々と感動を分かち合う、それはなんという喜びだろう。なんという幸せだろう。

書道との出会い

そんなある日、麗子にさらなる芸術への誘《いざな》いの声が聞こえてきた。書道を始めたいという思いである。五十二歳の時だった。戦時中は紙もなく畑仕事ばかりで書道などできる状況にはなかった。

子育ても一段落した今、思い切って始めてみようか。未知の領域に飛び込んでみようか。こうして五人の友人たちと誘い合い、麗子は生まれて初めて書道塾に入った。

墨をすり、まっさらな白い紙の上に筆で字を書いてゆく。なんだろう、この静けさは。書に向かっていると不思議に心が落ち着いた。外の世界の喧騒が次第次第に遠のき、心はただひたすら「書く」ことに集中している。

最初についた師匠は漢字が専門だったが、その師が亡くなった後、麗子はかなの書家小田双鶴《そうかく》の元に弟子入りすることになる。

かな書道は、今までみたことのない美しいもので満ち溢れている世界だった。まずは変体仮名。変体仮名というのは、現代では使われることのないひらがなのこと。自分たちが現在使っているひらがなは明治時代に小学校令という法令で定められたもので、それ以前には一つの音に複数のかなや漢字が使われていたことを麗子は知り、驚いた。

「万葉がな」ができた頃は、一つの音に対し、一つの漢字が使われていたそうだ。しかし時代が経つにつれだんだんと一つの音に複数の漢字が使われるようになっていった。そして平安時代末期には、同じ音でもあえて違う字体を使うことにより、人々は和歌の美しさを高めていたのだ。[5]

こうして麗子は、かな書道という戸口から俳句や和歌の世界にも親しんでいくようになった。さまざまな美しい色合いの和紙を選び、和歌を選び、字体を構成していく楽しさ。またかな書道独特のやわらかさ、流れるような線、かすれによって生み出されてゆく立体感。余白の美。紙の手ざわり、墨のにおい。

麗子の中に「書道か舞踊か？」という二者択一の考えはなかった。なぜならこの二つは「静」と「動」の絶妙なバランスをとる軸として共にわかちがたく彼女の中で生きていたからだ。こうして「静」である書道と「動」である舞踊は、対立することなく結び合い、二つの顔をもつ一つの芸術として彼女の内で熟していった。

5　書道入門、かな書道の特徴 参照。https://shodo-kanji.com/b1-2-2kana_shodo2.html

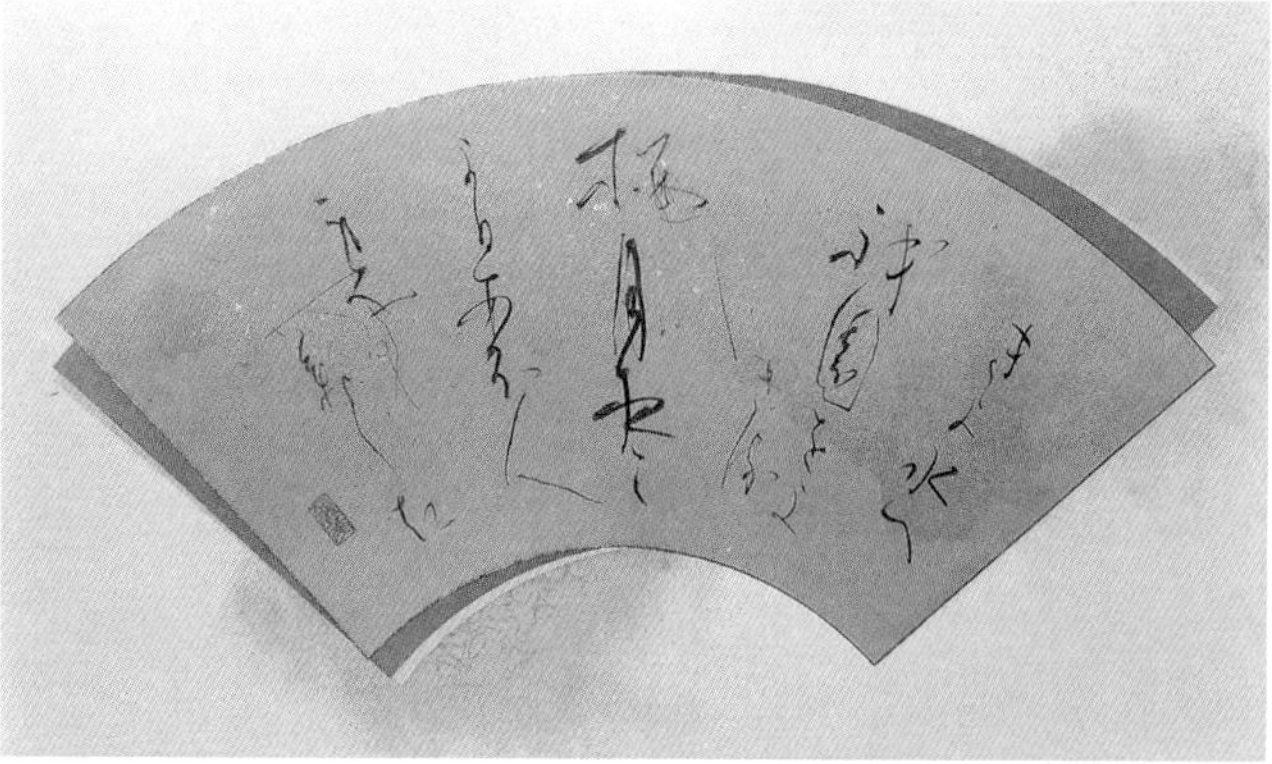

与謝野晶子の短歌。麗子書。

芭蕉の句。麗子書。

短冊、麗子書。

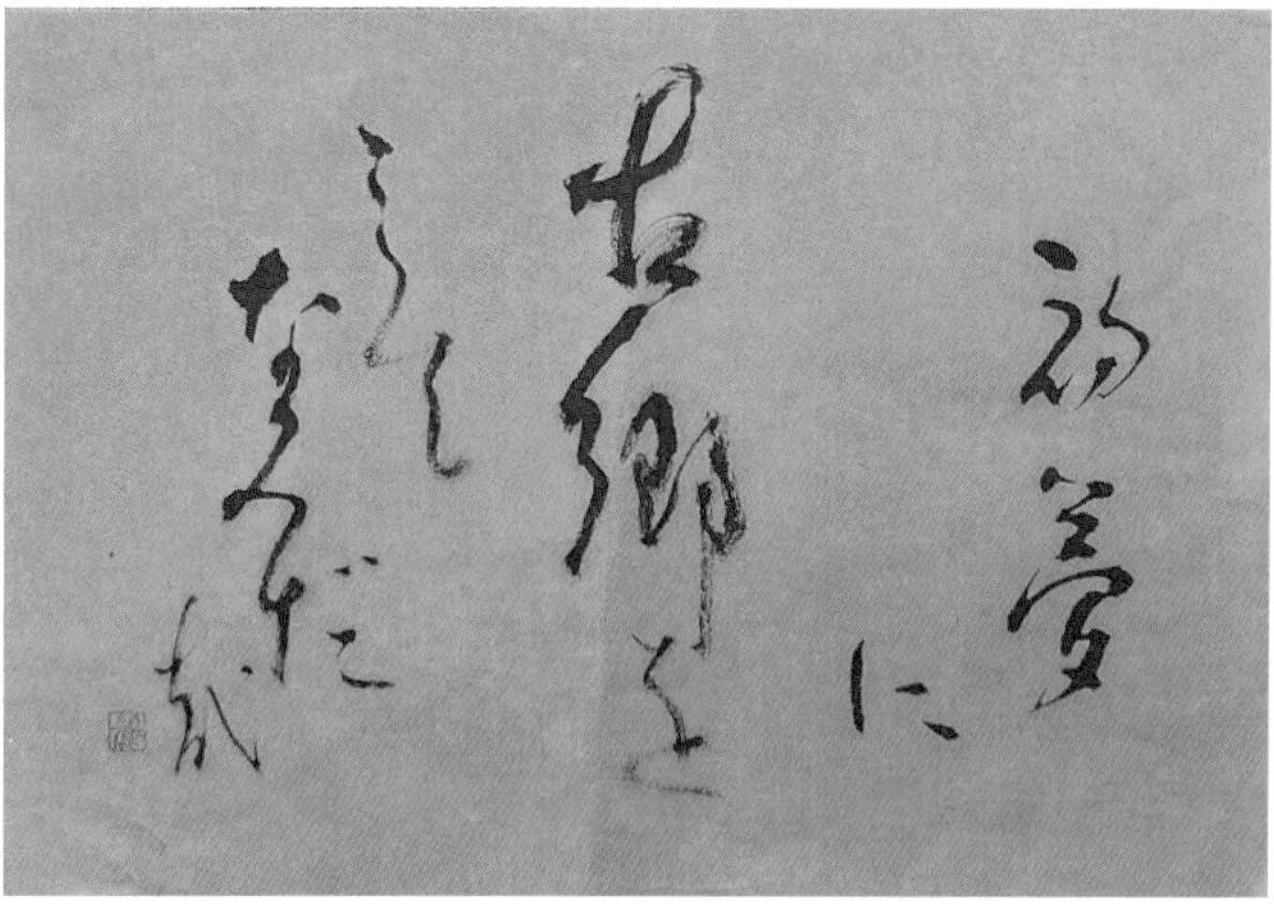

麗子書。

永井さん文部科学大臣賞

読売女流書法展　西部本社賞に留奥さん

第31回読売女流書法展（読売新聞社主催）で、県内からは鹿児島市の永井麗華《ながいれいか》さん(85)が最高賞の文部科学大臣賞を受賞し、いちき串木野市の留奥桂香《とめおくけいこう》さん(78)が読売新聞西部本社賞に、鹿児島市の今給黎博芳《いまきいれはくほう》さん(57)が県知事賞に輝いた。女流読売大賞と準大賞にはそれぞれ3人、特選に10人、秀逸に18人、入選には33人が選ばれた。展覧会は4月14～19日、福岡市中央区の福岡県立美術館で開かれる。
「健康でいられる限り、書き続けたい」と語る永井さん

墨の濃淡やバランスに苦労

文部科学大臣賞
永井　麗華さん　85
（鹿児島市、かな部門）

1502点の中から最高賞に輝いた。初めての文部科学大臣賞受賞に「受賞できるとは思わなかった。こ
の年齢まで続けたことへ
ご褒美だと思います」と
ぶ。
万葉集の1首を題材に
び、長さ175センチ、幅
センチの和紙にしたためた
「墨の濃淡やバランス
苦労した」。約2か月か
て仕上げた作品を出品
た。
師匠の小田双鶴さんの
で本格的にかなの勉強を
めたのは、還暦を過ぎて
ら。旅行先で気に入った
を手帳に書き留めたり、
ンターネットを使って調

2015年3月29日掲載「永井さん文部科学大臣賞」読売新聞より抜粋。

2022年、自宅にて。

読売女流展、文部科学大臣賞作品。

また書を通し、麗子はかけがえのない友人たちを得ることができた。その中でも特に鮎川喜代子先生との出会いは大きい。年齢も師事する先生も性格も異なる二人だったが、深い所で呼応し合い、共振するなにかを互いの内に見出したのだった。そう、「親よりも兄弟よりも近い」存在として。

二人はどこにでも出てゆき、どこででも書道を語り合った。少しでも一緒にいられる時間を長く設けようと、二人は同じ日の同じ時刻に椎原身体均整院での施術を予約し、待合室で落ち合った。

そしてそこでも書道作品を広げ、互いの作品をあれこれ批評し合うのだった。こうして整体院の待合室はいつの間にか、二人の芸術家が和気あいあいと語らい、切磋琢磨する〈書家サロン〉になっていたのである！

二人共、書家としての道をきわめるには、内側にある自分の感覚が磨かれ、研ぎ澄まされなければならないことを感じていた。つまり五感すべてが、この世に存在するありとあらゆる真善美に対し、繊細なる感覚のうちに開かれていなければならないということだ。

そのためには書道だけではなく、絵画、ガラス工芸、音楽等、さまざまな芸術に触れ、そこから語られてくるものに心の耳を傾ける必要があった。日本を代表する彫刻家、中村晋也氏は「あなたは芸術家か。それなら人に感動を与えるものをつくりなさい」と言っていた。

自分の中で感動するものがなければ、人に感動を与えるなにかを創ることはできない。麗子はどんな日であっても一日に三回は感動するものに出会おうと心に決めた。感動するためには家に閉じこもっているのではなく、感動する場に自ら

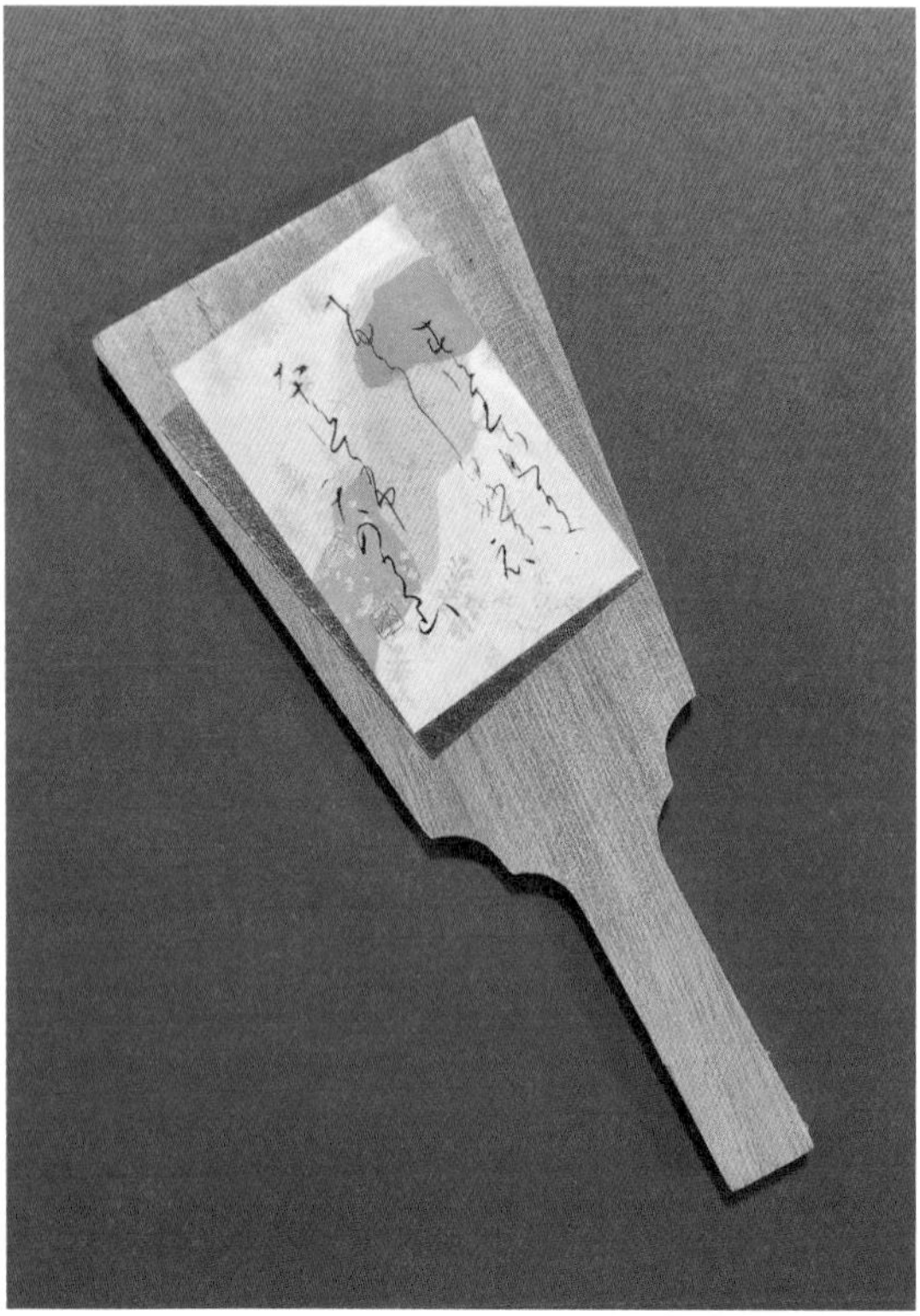

百人一首より。麗子書。

を持っていかなければならない。つまり積極的に生きることが求められるのだ。

共に書を愛で、書に生きる朋友と語らい、作品を鑑賞し、共感することのできる幸せ。励まし合い、互いの成功を喜び、高め合ってゆくことのできる、かけがえのないこのような仲間が与えられたことを麗子は一生の宝だと思っている。

写真への情熱

八十三歳になった時、麗子はパソコンをぜひとも習いたいと思った。スマホで写真を撮り、それをネット上で友人たちに共有したいと思ったからだ。

その希望を周囲に伝えると、ほとんどの人は、「いくらなんでもその歳じゃ、ちょっとパソコンは無理じゃないかな」「難しすぎると思う」と否定的だった。でも麗子はどうしてもやってみたかった。孫に頼み、家電量販店に一緒に行ってPCを選んでもらった。その後、自力でパソコン教室を探し、三か月間、キーボードの打ち方などコンピューターの基礎を学んだ。

それができるようになると麗子は、日常の中に存在するさまざまな情景や自然をスマホで撮り、それをアップロードしてフェイスブックに投稿し始めた。

若かりし頃、押し入れの暗室に入り、道弘と二人で写真を引き伸ばし、自分たちで現像していたことを思い出した。フィルムを手動で巻いたり、いろいろと大変だった。それが今、どうであろう。スマホでこんなにも容易に大量に撮れるのだ！　こんな便利なものを使わない手はない。麗子の心は沸き立った。

麗子撮影。

かつて紙がなく、教師もなく、学校もない時代があった。今、自分は好きなだけ勉強することができる。かつて食料のない時代があった。今、自分は毎日、おいしい白米を食べることができる。かつて空から毎日のように爆弾が落とされていた時代があった。今、自分は恐れることなく天を仰ぎ、美しい空に浮かぶ雲に悠久の思いを馳せることができる。あゝ、なんという恵み、なんという幸せ！そんな思いを写真を通し表現したいと思った。

この世は本当に美しいもの、素晴らしいもの、未知のもので満ちている。至るところに驚異があり、神秘があり、新たなる発見がある。命ある限り、学び続け、新しいものに触れ、感動する人生でありたい——、これが麗子の切なる願いであり、祈りである。

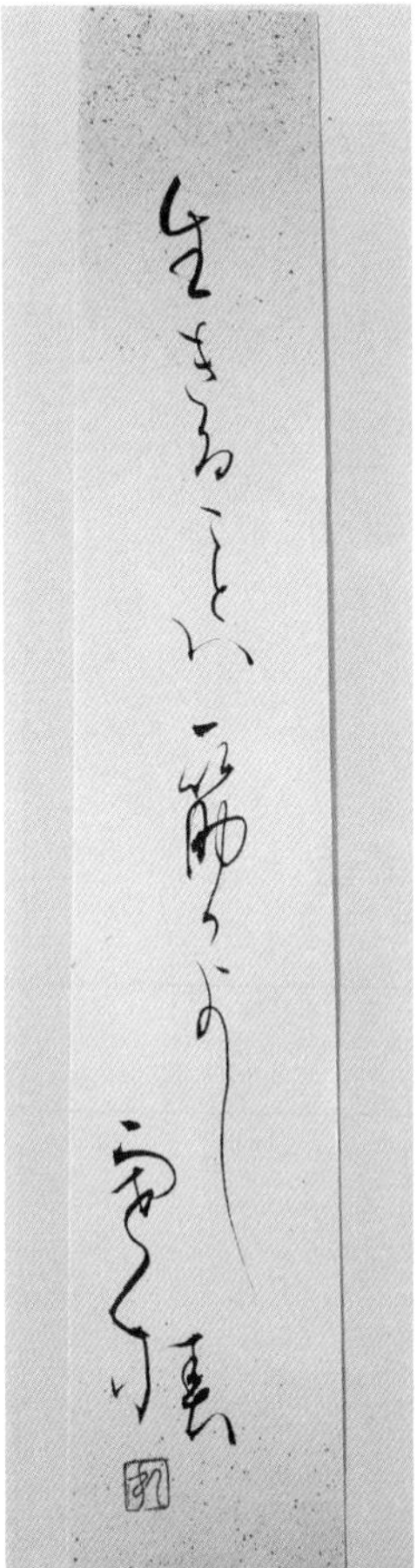

生きることは　一筋がよし　寒椿（五所平之助）
一旦、自分がこれと決めたら、とにもかくにも一心不乱で突き進んでいくことが尊い。麗子の座右の銘。

2022年、93歳。

【著者プロフィール】

富加見絹子（ふかみきぬこ）

一九七八年鹿児島市生まれ。志學館中・高等部卒業。国際基督教大学教養学部社会科学科卒業（東アジア史専攻）。在学中フィリピンのトリニティ大学、韓国の延世大学に留学。スイスのローザンヌで訓練を受けた後、宣教師としてギリシアに派遣。ペルシャ語通訳者としてアテネやレスボス島で中東難民への奉仕活動に従事。国立アテネ大学文学部言語学科で古典ギリシア語および現代ギリシア語を学ぶ。主著『Ἀπὸ τὴν Ἄπω Ἀνατολὴ στὴν Ἀνατολικὴ Ὀρθοδοξία（極東アジアから東方正教へ）』訳書『初代キリスト教徒は語る』『世界中をひっくり返した神の国』、『チューリッヒ丘を駆け抜けた情熱―迫害下に生きたスイス・アナバプテストの物語』。David Bercot,ed. Historic Faith Commentary on Matthew 編集助手。夫ハミッドとアテネに在住。アーミッシュの友達の手作りケープドレスおよび普段着物が大好き。

あゝ天翔《あまか》けし　わが人生
── 永井麗子ものがたり

2023年9月5日　第1刷発行

著　者　富加見絹子《ふかみきぬこ》

題　字　富加見山堂

発行者　太田宏司郎

発行所　株式会社パレード
大阪本社　〒530-0021　大阪府大阪市北区浮田1-1-8
TEL 06-6485-0766　FAX 06-6485-0767
東京支社　〒151-0051　東京都渋谷区千駄ヶ谷2-10-7
TEL 03-5413-3285　FAX 03-5413-3286
https://books.parade.co.jp

発売元　株式会社星雲社（共同出版社・流通責任出版社）
〒112-0005　東京都文京区水道1-3-30
TEL 03-3868-3275　FAX 03-3868-6588

装　幀　藤山めぐみ（PARADE Inc.）

印刷所　中央精版印刷株式会社

本書の複写・複製を禁じます。落丁・乱丁本はお取り替えいたします。
©Kinuko Fukami 2023　Printed in Japan
ISBN 978-4-434-32715-5　C0095